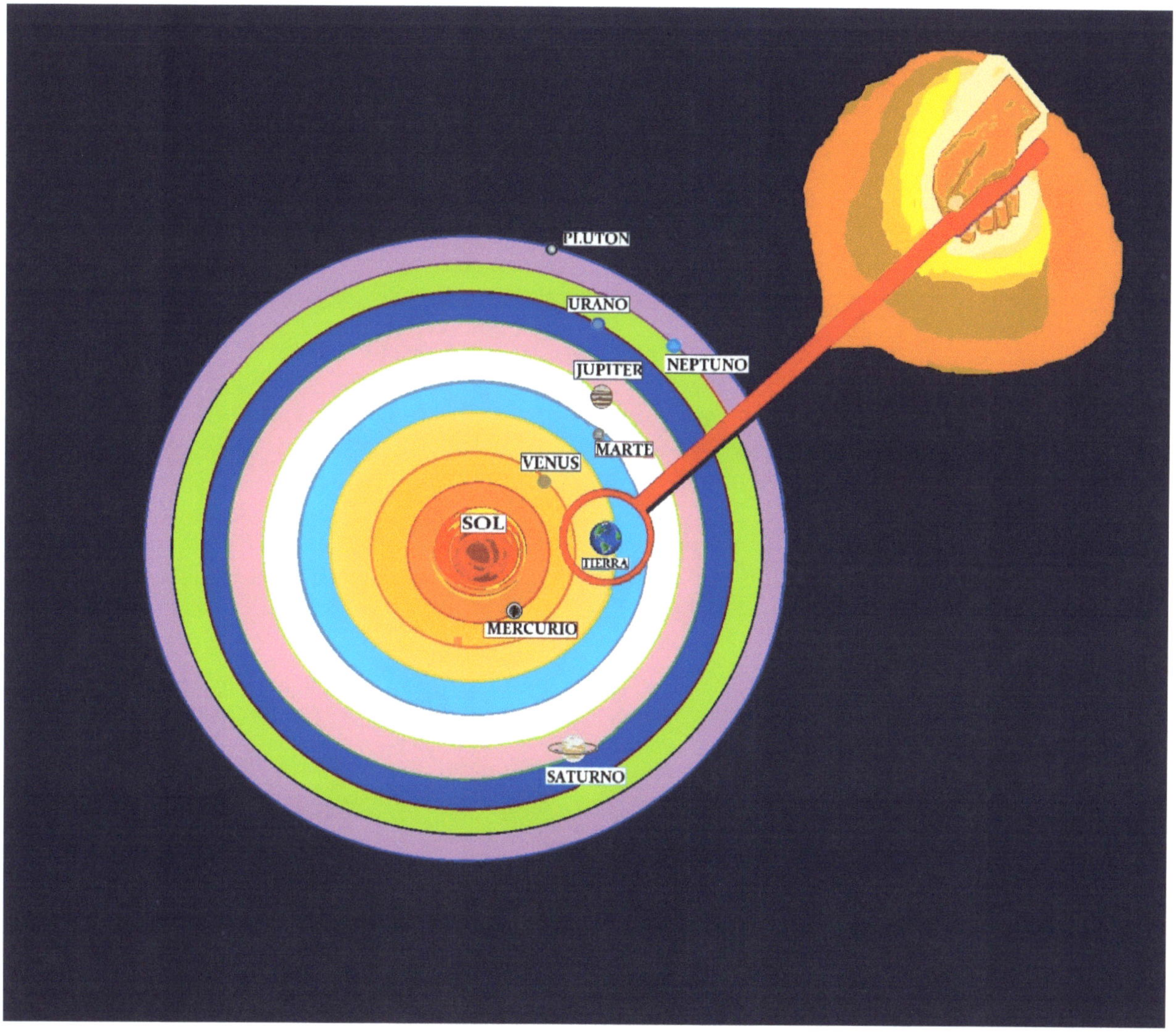

Aunque somos tan pequeños en el Universo, Dios siempre nos protege.

Nuestro Planeta Tierra

La Mano de Dios con la "lupa" sobre el Planeta Tierra (observando)

II

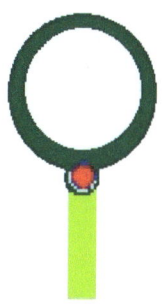

GRACIAS ESPECIALES A:

Dios Creador, dador y dueño de la vida

Mi madre y mi padre por transmitirme la vida;

Ana Tifá, Danilo A. Núñez, Elvyn Santana, Isabel Balcázar

Radio María New York;

Reverendo Padre Víctor Salomón (Sacerdotes por la Vida);

Reverendo Padre Jean Paul Soler (Parroquia San Dennis, Yonkers, NY);

Denise D'Oleo, Daniela Adames (Arquidiócesis de Nueva York);

Mi familia y a todos cuantos me han dado apoyo y ánimo.

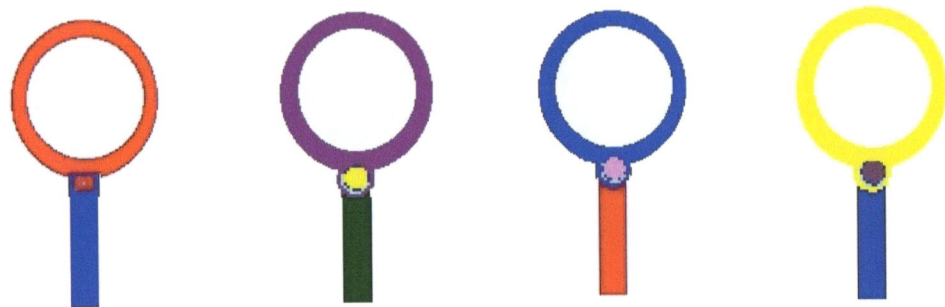

DEDICATORIA

A los que viviendo en amor en este planeta, buscan la armonía y la paz propia y de los demás

A las mamás y futuras mamás

A los papás y futuros papás

A todos los seres humanos por nacer que habitarán este planeta y formarán parte de nuestro mundo

A todos los seres humanos por nacer que <u>no</u> habitarán este planeta por decisión de otros seres humanos que los han precedido en el tiempo. Rogamos para que estén en un lugar especial

A los que odian pero quieren cambiar sus vidas y ser diferentes

Para que todos tengamos conciencia de la importancia de la VIDA

Con Amor

Mi Vida, Tu Vida, Nuestras Vidas

Copyright © 2014 Genia I. Núñez

All rights reserved

Editado por Genia D. Núñez Hernández

Revisado por Reverendo Benjamín Palacios CCFD

www.genimpublishing.com

ISBN: 978-0-9913485-6-5

Todos los derechos reservados. Esta publicación no puede ser reproducida, ni en todo ni en parte, ni registrada en o transmitida en un programa de recuperación de información, en ninguna forma ni por ningún medio, sea mecánico, foto químico, electrónico, por fotocopia o cualquier otro, sin el permiso previo, por escrito de la editorial.

MI VIDA, TU VIDA, NUESTRAS VIDAS

Genia I. Núñez

Editado por

Genia Dahive Núñez-Hernández

Revisado por

Reverendo Padre Benjamín Palacios

Primera Edición

VI

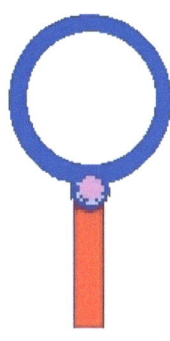

Esta es la historia de vida antes de nacer y hasta su cumpleaños número cinco, el que está celebrando el día de hoy, de una niña llamada

Eva María.

Esta historia es como la tuya, la mía o la de cualquier persona a nuestro alrededor. Una historia común a todos sin importar las circunstancias, la raza, género, color, nacionalidad, estado personal o social. Con una, o muchas variantes; esta parte de la historia es similar para todos los seres humanos habitantes del Planeta Tierra.

La historia de vida de un ser humano tiene dos partes principales o dos historias: antes de nacer Historia A, y después de nacer Historia B.

Si la historia A, antes de nacer, no existe, entonces historia B tampoco podrá existir.

Yo nací el día ____ del mes de _____, del año _____. Cada año celebramos mi cumpleaños en familia junto con algunos amiguitos.

(Colocar aquí foto o dibujo de la (del) dueña/o de este libro)

Hola, yo soy Eva María

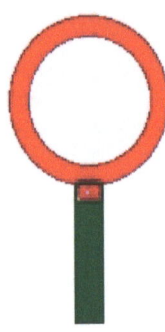

Eva María estaba muy inquieta. Desde temprano se había estado preparando para ese gran día. Era su quinto cumpleaños. ¡Cinco años de vida! Ya se consideraba todo una experta. Sabía leer y para su edad, entendía mucho sobre "cosas de la vida".

¿Qué tenía esta celebración de cumpleaños que no habían tenido las anteriores?

En esta ocasión, ella era mucho más responsable y madura en cuanto a lo que sucedía a su alrededor y le gustaba tomar decisiones con ayuda, naturalmente de sus padres. Le gustaba cuestionar sobre el porqué de las cosas y participar activamente en la cotidianidad familiar. En este cumpleaños habían invitado varios niños de la familia y amiguitos.

Esta es Eva María y su familia en su fiesta de cumpleaños

Ella había puesto interés en su vestido, en su bizcocho, en la piñata; pero lo que más le interesaba era compartir con sus amiguitos la historia, que con ayuda de su papá y de su mamá había aprendido. Era la historia de su vida hasta estos cinco años. Su madre consideró que ella podría compartirla con sus amiguitos si así lo deseaba.

(Colocar aquí foto o dibujo de tu familia)

Había hecho unos cuantos dibujos, que para su edad quedaron muy bonitos y resumían todo de una forma sencilla. La fiesta se inició y todo estuvo maravilloso. Helados, pasteles, comida y regalos fueron disfrutados por Eva María y sus invitados. Antes de encender las velitas de su bizcocho y pedir su deseo, sentó a sus amiguitos a su alrededor y les repartió un regalito muy especial del que todos quedaron sorprendidos y se preguntaban cual era el propósito de aquel regalito. Muchos lo habían usado en sus escuelas, y sabían que era usado para ver de cerca con mayor claridad y en detalle, letras o algo muy pequeñito que a simple vista no se podía distinguir bien.

Ellos preguntaban para que Eva María les había dado esas lupas ¿qué significado tendrían?

Pronto lo entenderían mejor después de la explicación que les había preparado. Comenzó así a contarles con mucha precisión todo lo aprendido de sus padres sobre su vida. Su historia la tituló:
"La Gran Aventura de Eva María".

LUPAS

MI PRE-HISTORIA:

NO EXISTENCIA

Mi papá: foto o dibujo aquí–página en blanco

(Este es mi mamá: foto o dibujo aquí –página en blanco

Desde antes de nacer, Dios nuestro Creador, le regaló a mi papá, unas células especiales muy pequeñitas. Estas células eran como semillitas muy chiquititas que sólo eran visibles con ayuda de un microscopio o una lupa.

Desde antes de nacer, Dios nuestro Creador, le regaló a mi mamá, unas células especiales muy pequeñitas. Estas células eran como semillitas muy chiquititas que sólo eran visibles con ayuda de un microscopio o una lupa.

célula de mi papá

Las células pequeñitas de mi papá tienen una forma diferente a las de mi mamá

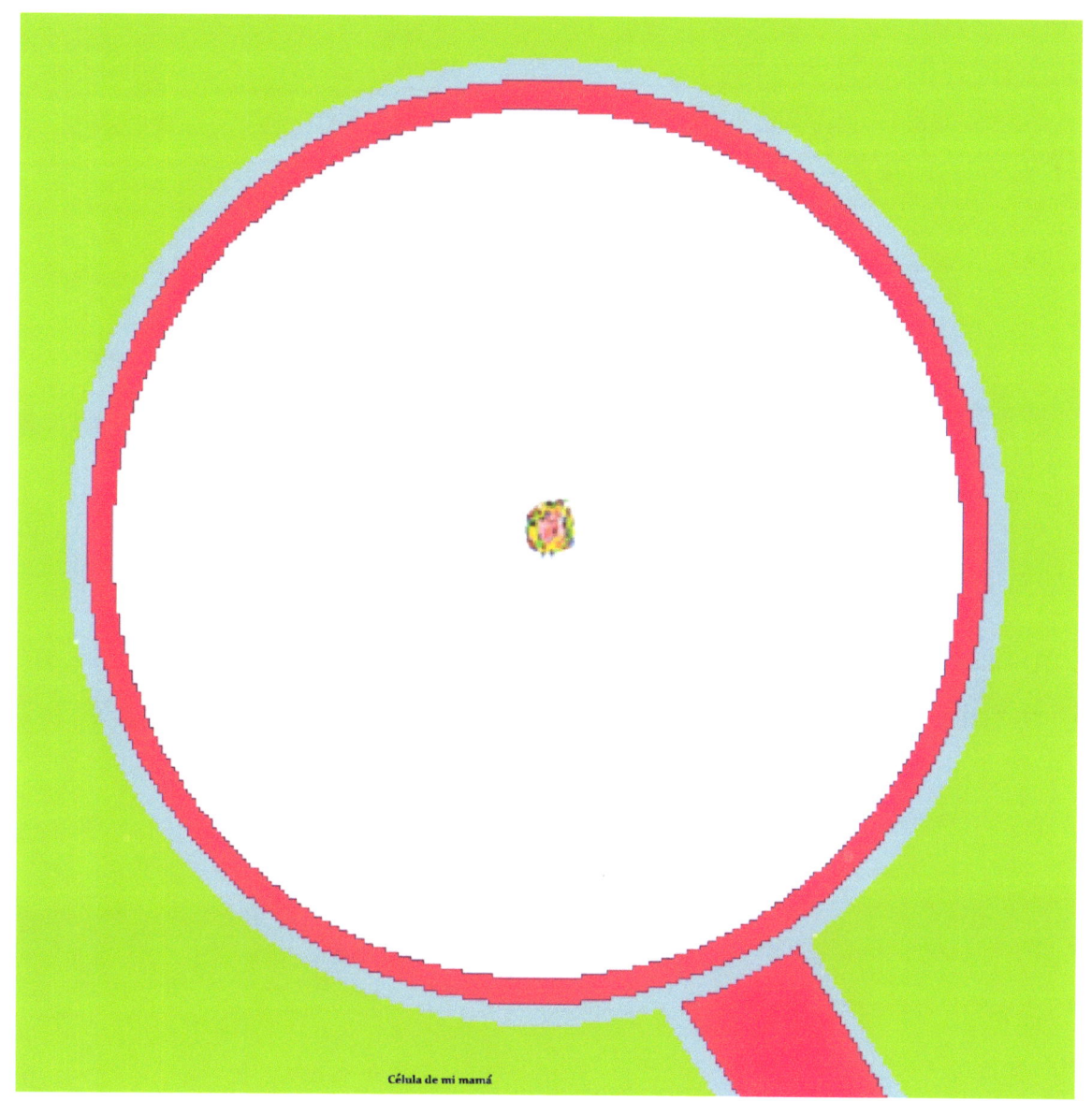

Las células pequeñitas de mi mamá tienen una forma diferente a las de mi papá.

Estos son mi papá y mi mamá cuando se conocieron. Ellos se amaban de manera especial.

(dibujo o foto aquí de tu papá y de tu mamá)

Luego se casaron. — (dibujo o foto aquí)

18

MI VIDA ANTES DE NACER: MI HISTORIA A

Algún tiempo después, cerca de nueve meses antes de mi nacimiento, ellos decidieron plantar en la barriga de mi mamá, las semillitas (células) que Dios le diera a cada uno al comenzar sus vidas.

Mi papá y mi mamá contribuyeron a partes iguales en mi formación como un nuevo ser humano....

Una, solo una de las pequeñitas células de mi papá se unió con una,

solo una de las pequeñitas células de mi mamá.

... y ZAS!

En ese mismo instante, se inicio mi EXISTENCIA.

CONCEPCION

Recibí del Creador, el regalo de MI VIDA. Cada uno de ustedes también lo recibieron. Todos los que vivimos en este planeta, lo hemos recibido de Dios con la participación de nuestros padres.

Era el espectacular comienzo de mi gran desafío de convertirme en un ser humano. Este desafío estará siempre presente en mí para empujarme a triunfar.

Mi vida es un regalo de Dios

Mi mamá recibe de Dios el regalo de mi vida

Antes de ver la luz que veo ahora, día tras día durante unos nueve meses, mi pequeño cuerpo estuvo definiéndose y creciendo. Esta es mi Historia A.

Este pequeño punto rojo soy yo cuando comenzó mi vida.

Así comenzó mi vida. Esta (e) soy yo: Un pequeño **punto rojo** dentro del vientre de mi madre donde era **bien protegido**. Cada parte de mi cuerpo comenzó a formarse y a crecer.

En el **primer mes** se formó mi cabeza, centro para mi cerebro y mi cara.

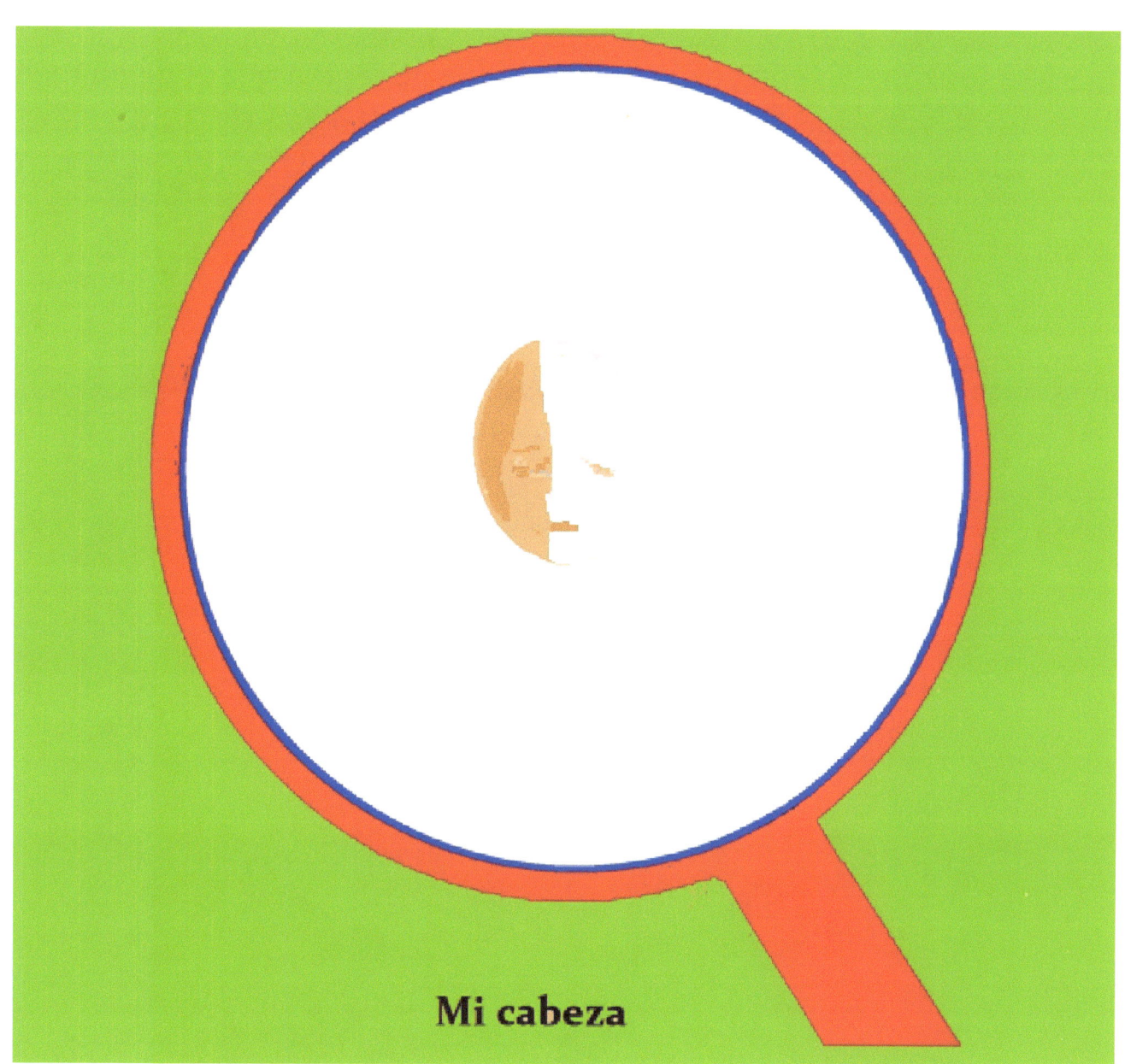

Mi corazón ♥ comenzó a latir el doble de rápido que el de mi madre.

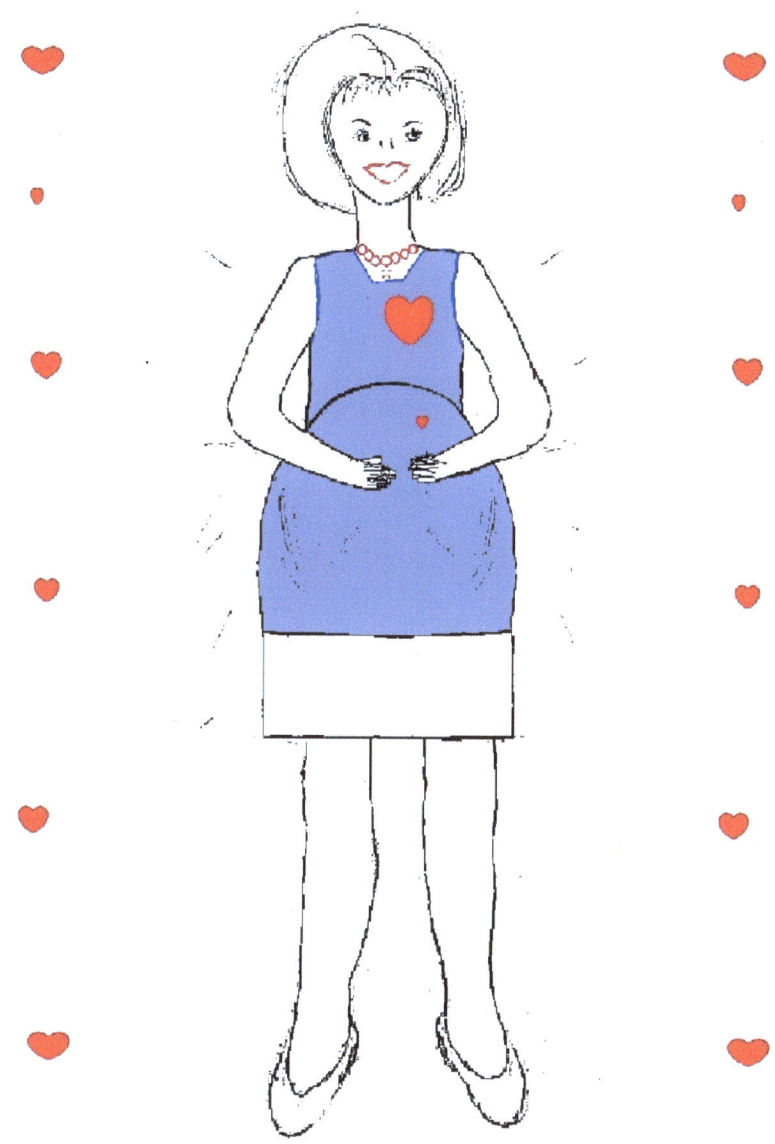

Ella tenía ahora dos corazones en su cuerpo y hasta su cara reflejaba la forma de un corazón, según la veían mi papá y sus amigos.

¿Cómo serán mis ojos?
¿Cómo será mi cara cuando nazca?
Ahora, todavía tengo mis ojos cerrados.
Mi naríz aun no percibe olor.

En el **segundo mes**, se formaron mis ojos, mis brazos y mis piernas, también mis dedos. No podía caminar, pero tenía pies. También tenía mis orejas para escuchar.

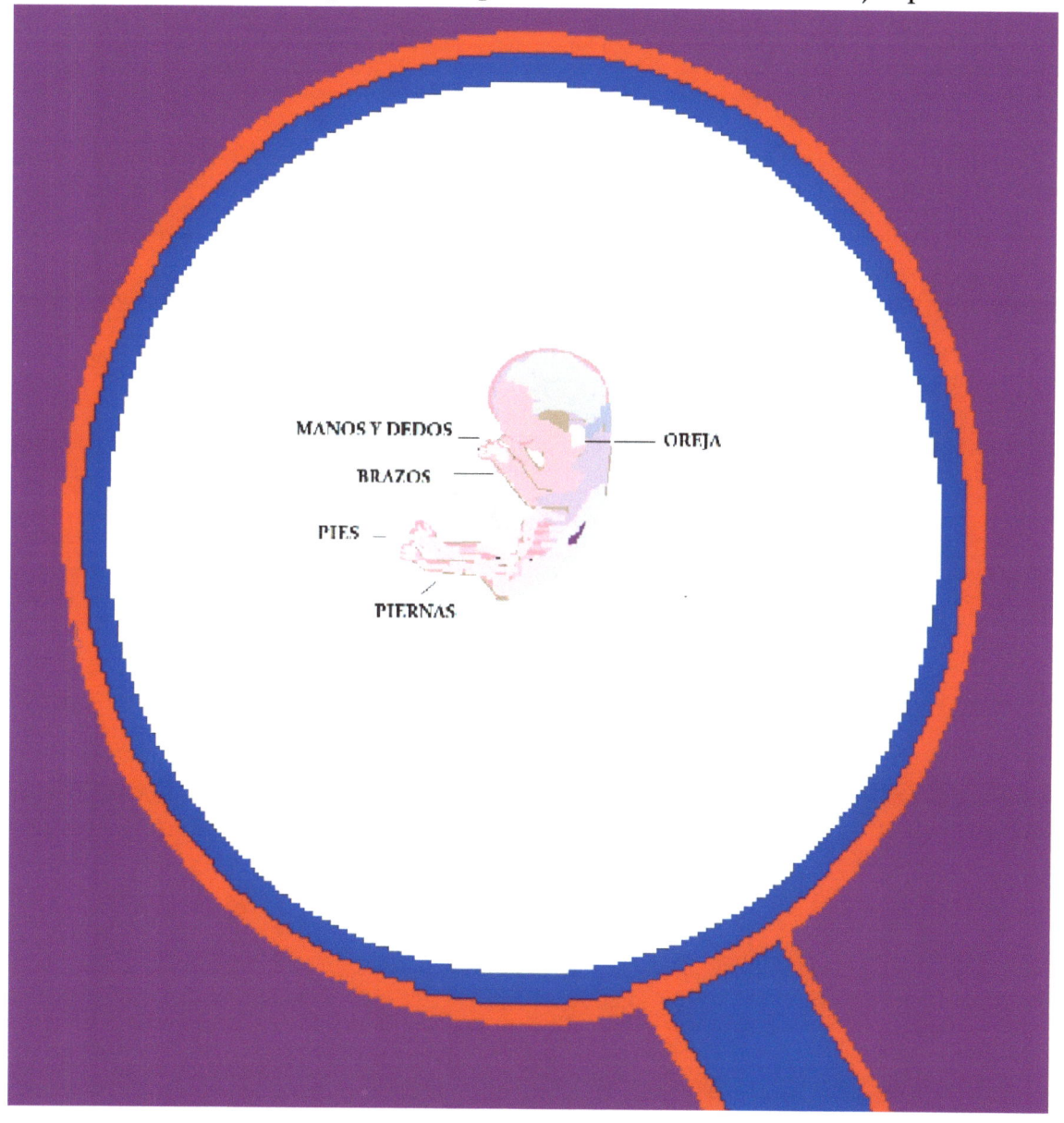

y hasta mis intestinos y otros órganos digestivos comenzaron a desarrollarse.

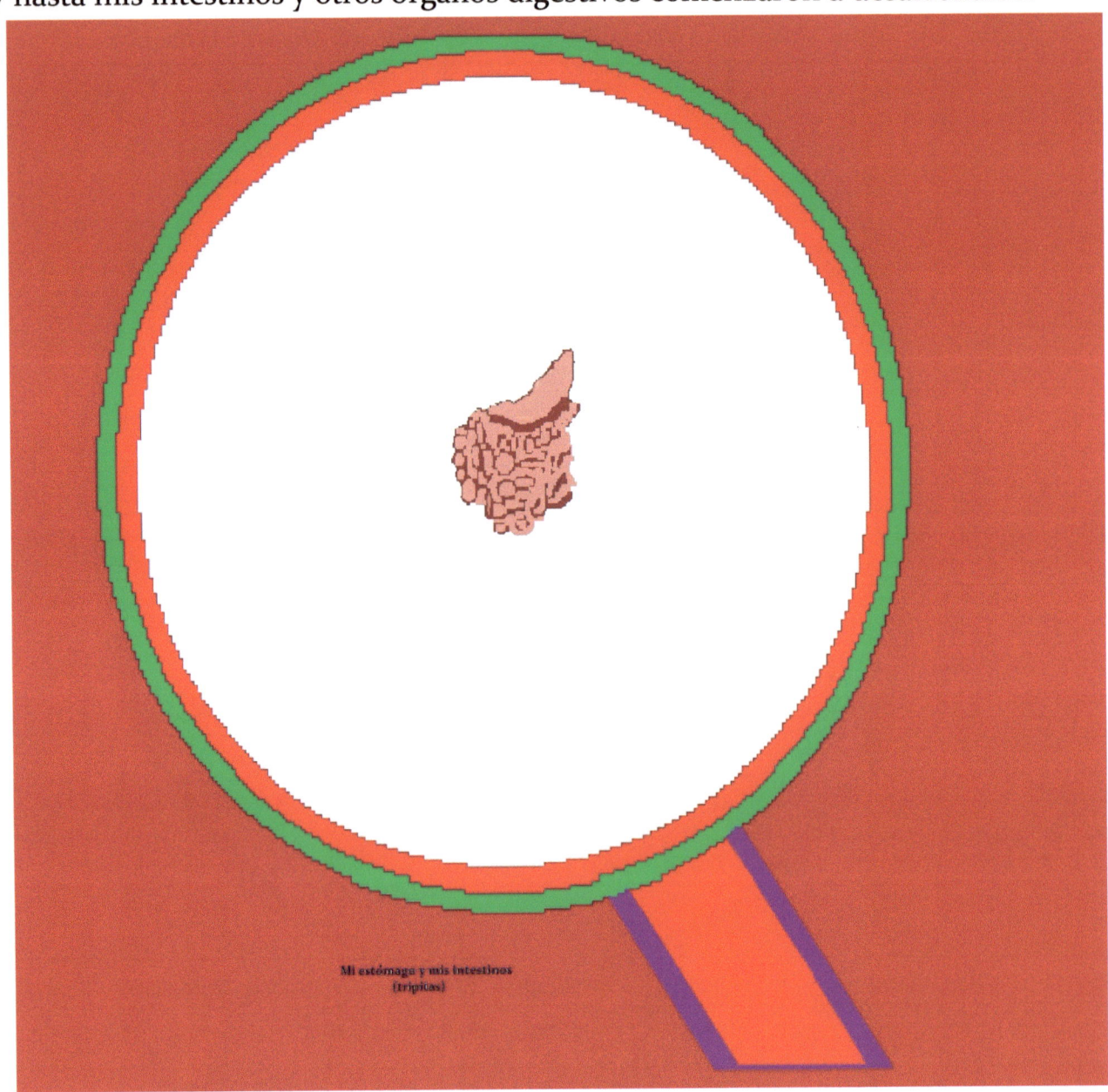

Mi estómago y mis intestinos (tripitas)

¡Uff, que fea era mi tripita toda enrolladita! Mi papá me dice que si mis intestinos estuvieran extendidos no cabrían dentro de mí y alcanzarían unos cuantos bloques de largo. Estoy aprendiendo a cuidarlos porque son como la raíz de mi cuerpo. Con una buena alimentación estarán muy felices y me ayudarán a estar saludable.

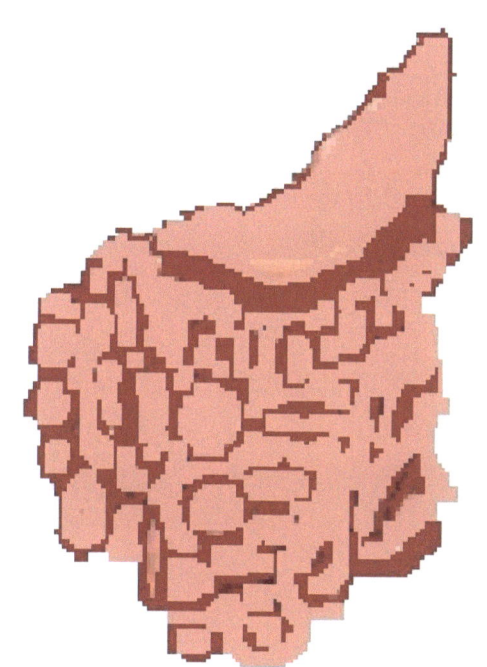

En el **tercer mes**, puedo abrir y cerrar mi boca, no para dar besitos o comer o hablar, pero si para ejercitarme porque aunque no podía hablar ya tenía boca. Aunque no comía, tenía estómago. Me entraba un dedo de mi mano en la boca para tocarme y para saber que existía.

En el **cuarto mes**, muevo mis piernas y brazos (casi para dar paraditas o puños de boxear) No podía agarrar, pero tenía manos y brazos.
Hasta un fino vello comenzó a recubrir mi fina piel para su protección. Tengo pelo en mi cabeza la que puedo girar. También oigo los ruidos de dentro del cuerpo de mi mamá. ¡Uff, algunos eran muy raros!

En el **quinto mes**, podía dar pataditas y chuparme un dedo y era como una atleta capaz de dar vueltas sobre mí misma.

Se formaron mis futuros dientes, tenía cejas y pestañas y escuchaba los ruidos del exterior de mi "casita". Me gustaba que mis padres me hablaran y me cantaran o me pusieran música para escuchar. Cuando no me gustaba me alejaba de la pared del vientre de mi madre. Comencé a pensar con mi cerebro y hasta sonreía en el vientre de mi madre cuando ella me hablaba.

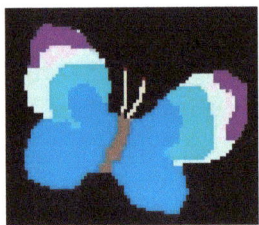

Durante el sexto, séptimo, octavo y noveno mes, mi cuerpo continuó creciendo. Luego ya podía abrir y cerrar mis ojos, distinguía la voz de mi padre. Mis pulmones estaban muy desarrollados, aunque no podía respirar todavía solo hasta el momento de nacer.

Mi piel no era transparente y me sentía muy apretada en ese lugar. Había crecido suficiente, unos 30 centímetros. Podía sentir cuando mi madre o mi padre me acariciaban. No se necesita una lupa para ver mi cuerpo. Cada vez cuando mi mamá hablaba, mi corazón se aceleraba mucho más.

Fuí buscando la posición que me permitiría salir fuera del vientre de mi madre, y puse mi cabeza hacia abajo como si fuera a hacer una maroma. Mis oídos funcionaban muy bien.

MI VIDA DESPUES DE NACER: MI HISTORIA B

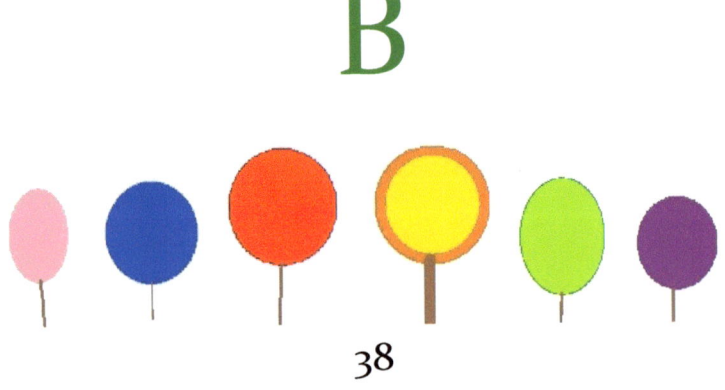

¡Por fin! Después de **nueve meses**, estoy aquí, fuera de la barriga de mi mamá, salí a la luz. Nací entre asustada y asombrada, di un grito de alegría que destapó mis pulmones enseguida y comenzaron a funcionar, así como mi garganta y mi lengua. ¡Muy grande abrí mi boca!

Muchos años antes, mis padres también pasaron esa experiencia. Ahora me habían dado la oportunidad también a mí de existir. Estaban deseando que viniera a compartir sus vidas.

Me gusta MI VIDA. Soy feliz.

Mis padres me dicen que dé gracias a Dios por su perfecta creación y que a través de mis papás se hizo una realidad palpable.

Qué lindo, puedo respirar el aire puro y oloroso con el aroma de las flores y de las plantas.

Puedo ver el agua que corre y bañarme en ella. Puedo ver la luz que se torna con muchos colores a veces. Puedo comer las cosas que me gustan. Es una sensación agradable, tocar y ser tocada por las personas que me aman.

Es agradable la sensación de oler, hablar y comunicarme con otras personas que han experimentado lo mismo que yo.

Puedo escuchar la música y danzar con su ritmo, sonreír y tener amigos.

Me gusta ir a la escuela y aprender.

Tengo dos hermanos, muchos amiguitos, muchos primos, y parientes. Con mis amiguitos Juan y Marta, juego y comparto mucho. Su mamá es amiga de mis papás. Ellos son mellizos. Mi mamá conoció a su mamá en el hospital. Ellos nacieron un día después que yo. Ellos casi no vienen al mundo porque su mamá tuvo problemas durante el embarazo y no tenía un esposo como tenía mi mamá para darle apoyo. Sin embargo, una buena amiga de su infancia, además de su familia, le dieron mucho apoyo y cuidaron de ella y de mis amiguitos. Gracias a Dios que ellos están aquí porque son mis mejores amigos y los quiero mucho.
Ellos también te contarán su Historia A y B.

Estos son mis amigos Juan y Marta.
Estamos celebrando nuestros cuatro años de edad.

Este es mi hermano menor celebrando sus tres años.

Somos tres hijos en mi familia. Todos queremos ser los preferidos de nuestros padres. Siento que mi madre ama más a mi hermanito mas pequeño, pero todos somos felices en mi familia aunque no somos ricos.

Mis amiguitos y yo en mi fiesta de cumpleaños

¡Qué lindo es VIVIR! Que agradecida estoy de Dios y de la decisión responsable que un día mis progenitores tomaron de ser co-creadores con Dios.

¡Qué maravillosa es la VIDA!

Es lindo vivir mi propia y única vida.

Tú, probablemente también harás lo que tus padres hicieron por tí y seguirá el CICLO DE LA VIDA:

Naciendo, creciendo, amando, siendo felices.

Yo, Tu, Nosotros, podemos ser felices compartiendo nuestro Planeta Tierra. Porque es mi vida, tu vida, nuestras vidas lo que cuenta. Tengo muchos otros detalles que te contaré después; mientras tanto seguiré escribiendo mi Historia B. La que espero sea larga, normal y feliz siempre con la bendición del Altísimo.

UN BESO

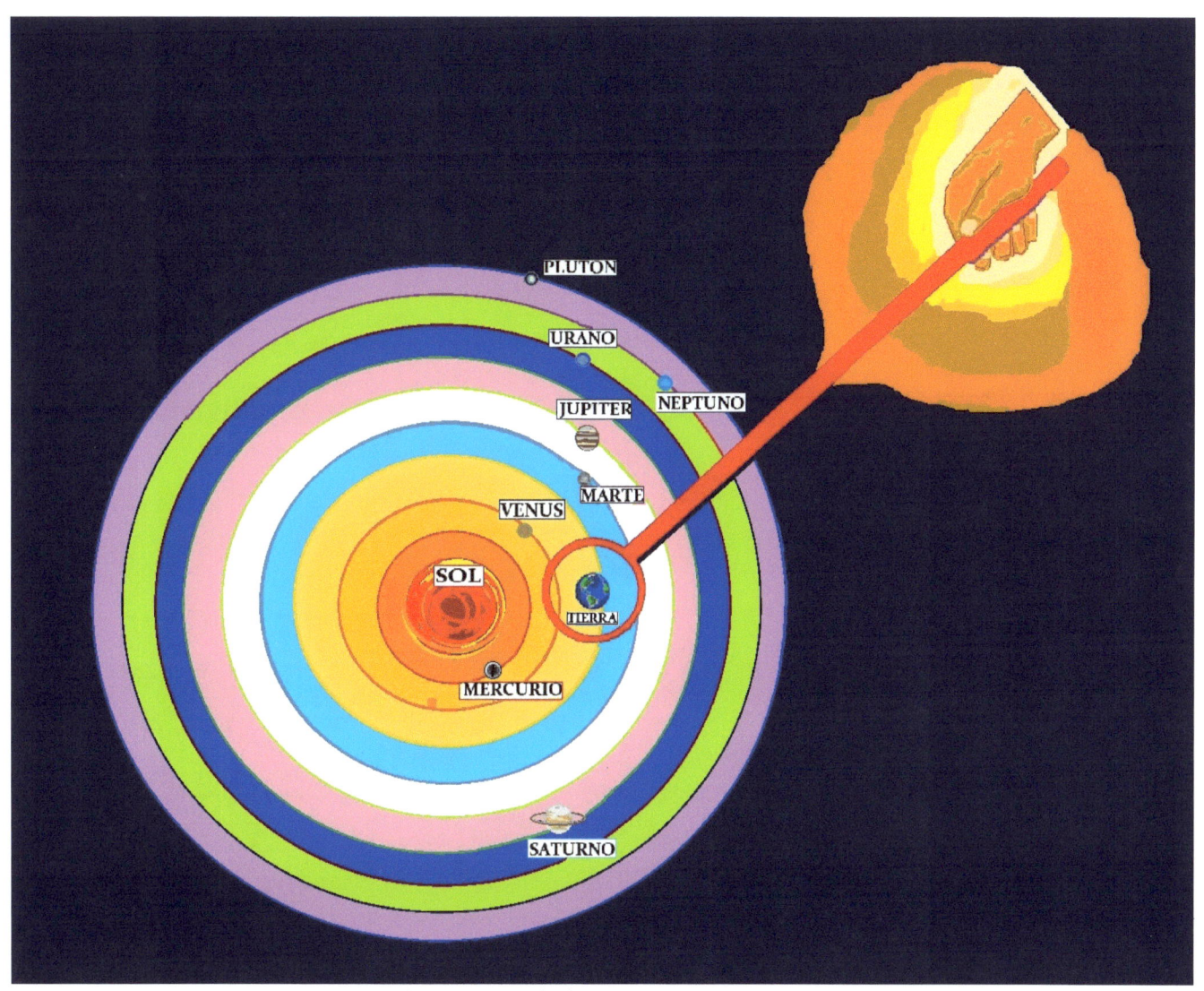

Planetas del Sistema Solar

Nuestro Planeta Tierra es tan pequeño en todo el vasto Universo, que Dios Creador "podría también utilizar" una lupa para encontrarnos,

Sin embargo, aunque tan pequeños, somos importantísimos para El y siempre nos proteje.

VOCABULARIO

AMOR	ARMONIA
CELULA	EXISTENCIA
HISTORIA	LUPA
MICROSCOPIO	MUNDO
PADRES	PAZ
PLANETA TIERRA	RESPETO
VIDA	UNIVERSO

El propósito de la autora en escribir este libro es despertar en los niños a temprana edad, el aprecio por la vida propia y la de los demás. Contribuyendo así a salvar vidas inocentes que por ignorancia podrían ser perdidas.

Deberá ser leído y estudiado pausadamente y con las debidas reflexiones para ayudarles a descubrir el verdadero valor de la vida; la cual es un regalo de Dios, al que debemos estar agradecidos y sujetos a su Suprema Voluntad.

Tu vida, mi vida, nuestras vidas es todo, lo que es verdaderamente importante por encima de otras circunstancias a nuestro alrededor.

Debemos respetar siempre la vida en nosotros y en nuestros semejantes. Así podremos vivir alegres en armonía, paz y amor.

Se recomienda el uso de lupas durante o previo a la lectura, para un mayor entendimiento por los niños.

www.ingramcontent.com/pod-product-compliance
Lightning Source LLC
Chambersburg PA
CBHW042122040426
42450CB00002B/35